O.

Le HÉROS qui préside aux destinées de l'Europe, imprime à tout ce qui émane de sa volonté, un caractère de grandeur et de magnificence.

Paris et les Départemens voient, chaque jour, s'élever des Monumens nouveaux : d'autres, commencés depuis plusieurs siècles, s'achèvent de toutes parts.

Au milieu de l'impulsion donnée aux Arts par un Génie créateur, la Poésie ne pouvait rester muette.

Ces divers Monumens réclament des INSCRIPTIONS CARACTÉRISTIQUES, qui consacrent à jamais et leur destination et le règne glorieux qui les a vus naître.

Dans les momens de loisir que me laissent mes fonctions, j'ai essayé de remplir cette tâche honorable. Comme

Magistrat, c'est un délassement que je me suis permis;
comme Français, c'est une dette que j'ai voulu acquitter.

Heureux, si quelques-uns de ces essais paraissent dignes
des Monumens qui les ont inspirés, et obtiennent le suf-
frage du public éclairé, à qui je les soumets; plus heureux,
s'ils peuvent mériter un regard du Monarque auquel j'en
fais hommage !

INSCRIPTIONS

FRANÇAISES ET LATINES

PROPOSÉES POUR DIVERS MONUMENS

DE PARIS

ET DE L'EMPIRE FRANÇAIS.

INSCRIPTIONS

FRANÇAISES ET LATINES

PROPOSÉES POUR DIVERS MONUMENS

DE PARIS

ET DE L'EMPIRE FRANÇAIS.

PAR P. A. R. DUBOS,

Maire du 12.ᵉ Arrondissement, Notaire impérial certificateur.

PARIS,

IMPRIMERIE DE J. B. SAJOU, RUE DE LA HARPE, N.º 11.

1810.

INSCRIPTIONS

FRANÇAISES

PROPOSÉES POUR DIVERS MONUMENS

DE PARIS

ET DE L'EMPIRE FRANÇAIS.

Bibliothèque Impériale.

Ici, dans les écrits de l'Univers savant,
Tout grand homme respire, et tout siècle est vivant.

Institution impériale des Sourds-Muets.

Ici des Sourds-Muets la jeunesse exercée,
Par signes, communique et reçoit la pensée.

École de Médecine.

Esculape, en ce lieu, précepteur tutélaire,
De son art aux Humains dévoile le mystère.

INSCRIPTIONS

LATINES

PROPOSÉES POUR DIVERS MONUMENS

DE PARIS

ET DE L'EMPIRE FRANÇAIS.

Bibliothèque Impériale.

Hîc, ubi Musarum reserat penetralia Phœbus,
Scriptores varii redivivaque sæcla supersunt.

Institution impériale des Sourds-Muets.

Hîc, mirum! arte novâ Naturæ damna rependens,
Alloquitur Mutus Surdum, Surdusque reponit.

École de Médecine.

Edocet hîc aptas ægris Mortalibus artes
Indulgens fidis Epidauri Numen alumnis.

Jardin des Plantes.

Ici des végétaux l'assemblage divers
A fait de ce Jardin celui de l'Univers.

Hôtel impérial des Invalides.

Cet asile, aux Guerriers consacré par la France,
Atteste leurs exploits et sa reconnaissance.

Hospice de la Maternité.

Victime de l'Amour ou du Sort, une Mère
Peut cacher, en ce lieu, sa honte ou sa misère.

Prytanée Militaire Français.

Du Guerrier qu'a frappé la mort au champ d'honneur,
La France adopte ici le fils et le vengeur.

Colonnade du Louvre.

L'Antiquité jalouse, en monumens féconde,
Reconnaîtrait ici la Merveille du Monde.

Jardin des Plantes.

Hîc plantæ è variis collectæ partibus Orbis
Diversis pandunt natalem gentibus hortum.

Hôtel impérial des Invalides.

Has Ædes proprias læsis invicta dicavit
Gallia Militibus, monumentum nobile laudis.

Hospice de la Maternité.

Tectum Mater egens, innupta Puerpera tectum
Hîc habet, innocuam quo procreet abdita prolem.

Prytanée Militaire Français.

Excipit hîc Pietas quos Marti Phœbus alumnos
Mox dabit, ulturos Heroum funera patrum.

Colonnade du Louvre.

Antiquæ jactant septem Miracula Gentes:
Gallia, tu surgis Luparæ miranda columnis.

Hospice des Orphelins.

L'Orphelin, au travail exercé dès l'enfance,
Apprend, dans cet asile, à vaincre l'indigence.

Musée des Monumens Français.

Des humaines grandeurs abîme dévorant
La Tombe atteste ici l'orgueil et le néant.

Portail de Saint-Gervais.

Arrête ! et reconnais ce Chef-d'œuvre immortel,
Par la Religion offert à l'Éternel.

Lycée Impérial.

Ce Lycée, au jeune âge ouvert par les neuf Sœurs,
Est le Temple des Arts et l'École des Mœurs.

Muséum d'Histoire Naturelle.

La Nature offre ici, dans ses Règnes divers,
Un ensemble abrégé de ce vaste Univers.

Hospice des Orphelins.

Hîc puer, infelix ignoto patre, labores
Ediscit varios, olim ne tangat egestas.

Musée des Monumens Français.

Quid juvat aula frequens? fractis hîc marmora sceptris
Rebus in humanis quàm sit testantur inane!

Portail de Saint-Gervais.

Siste gradum : referens hîc majestate Tonantem
Stat Frontispicium, Pietatis munus et Artis.

Lycée Impérial.

Hîc antiqua viget Studiorum norma, Juventus
Addere quâ discit Phœbeas moribus artes.

Muséum d'Histoire Naturelle.

Subjicit hîc oculis Regno Natura triformi
Immensum, brevior quantùm sinit angulus, Orbem.

Musée Napoléon.

Ces Chefs-d'œuvre des Arts conquis par la Victoire,
Ces Marbres, ces Tableaux, ces Grands Hommes, ces Dieux,
A la voix d'un Héros réunis en ces lieux,
Aux siècles à venir attesteront sa gloire.

Buste de S. M. l'Empereur *et* Roi,
à placer sur le nouveau Frontispice de l'Hôtel-Dieu,
construit par ses ordres.

Héros, de ses exploits il a rempli la Terre :
Du Malade indigent il est ici le Père.

Hospice impérial des Aveugles.

L'Aveugle, en cet asile, oubliant sa misère,
Trouve dans la Patrie une seconde mère.

Hospice des Incurables.

De pieux Fondateurs la bonté secourable
Consacra cet asile au Malade incurable.

Musée NAPOLÉON.

Hîc spirant simulacra Virûm, simulacra Deorum,
Per varios casus meritis benè parta triumphis.

---

*Buste de S. M. l'*EMPEREUR *et* ROI,
*à placer sur le nouveau Frontispice de l'Hôtel-Dieu,
construit par ses ordres.*

Laudatur meritò Princeps, laudatur et Heros :
Hîc meliùs Patrem dicere Pauper amat.

Hospice impérial des Aveugles.

Hîc mensa et tectum, Patriæ pia munera Cæco,
Quantùm fata sinant, sortem solantur iniquam.

Hospice des Incurables.

Quos cruciat morbus nullâ sanabilis arte,
Hîc donis Pietas officiosa fovet.

Observatoire.

Ici veille Uranie; et son œil curieux
S'élance dans l'espace, et mesure les Cieux.

Nouvelle Morgue.

L'Homme inconnu, dans ce séjour de deuil,
Attend la main qui lui donne un cercueil.

Fontaine de la rue de Grenelle S.-G.

A Bourchardon gloire immortelle !
C'est lui dont le savant ciseau,
Pour orner de Paris le faubourg le plus beau,
Créa la Nymphe la plus belle.

Grotte de Médicis, Palais du Luxembourg.

Une Nymphe en ce lieu! ton œil, belle Égérie,
Prit l'Art pour la Nature, et crut voir ta prairie.

École de Droit.

Au culte de Thémis la Jeunesse fidelle,
Lui promet, en ces lieux, des Hommes dignes d'elle.

Observatoire.

Hînc, per inane, Poli quæ sit mensura, quot astris
Irradiet Cœlum, vitro monstrante, patescit.

Nouvelle Morgue.

Attulit ignotum quod mors ignota cadaver
Hîc sperat tumulum quem det amica manus.

Fontaine de la rue de Grenelle S.-ᴜ.

Naïades pulchras inter pulcherrima Naïs
Hîc non indigno fonte ministrat aquas.

Grotte de Médicis, Palais du Luxembourg.

Cur stet Nympha loco, quæris. — Simul humida saxo
Littora vidit amans, credidit esse domum.

École de Droit.

Hîc dùm Juris honos et Legum cura manebunt,
Fas Themidi non degeneres sperare ministros.

(14)

Fontaine de l'École de Médecine.

A la voix d'un Héros, la Seine tributaire
Verse, aux pieds d'Esculape, une onde salutaire.

Colonne de Rosback.

En vain, pour ressaisir ce monument d'orgueil,
Le Vainqueur de Rosback sortirait du cercueil.

Église impériale de Saint-Denis.

Quand du trône au tombeau la mort les fait descendre,
La France, de ses Rois, recueille ici la cendre.

---

*Monument dédié à la Grande Armée,
sur l'emplacement de la Madeleine.*

Ce Temple auguste est le Palais des Dieux :
Jupiter seul s'y dérobe à nos yeux.

Manufacture impériale des Gobelins.

Ici l'art d'Arachné, rival de la Peinture,
Reproduit les Héros, les Dieux et la Nature.

Fontaine de l'École de Médecine.

Ædes ante sacras Epidauri Numinis, Heros
Quo bona cuncta fluunt, vix jubet, unda fluit.

Colonne de Rosback.

Napoleo dedit hanc, nec reddet fida Columnam
Gallia, non si Rex Fredericus et ipse resurgat.

Église impériale de Saint-Denis.

Hîc, dignum extinctis communi sorte Sepulchrum
Gallia Principibus relligiosa vovet.

Monument dédié à la Grande Armée,
sur l'emplacement de la Madeleine.

Hîc inscripta nitent Heroum nomina, vivunt
Marmora sacra Deûm : Jupiter unus abest.

Manufacture impériale des Gobelins.

Artifici referens varias hîc cuspide formas
Lana colore Viros, Naturam, Numina fingit.

Fontaine des Invalides, surmontée du Lion conquis à Venise,
par S. M. l'Empereur et Roi.

Je tremble pour toi, Nymphe aimable,
Lorsque je vois ce fier Lion.
— Rassure-toi : NAPOLÉON
Ne l'a-t-il pas rendu traitable ?

Louvre.

FRANÇOIS PREMIER commande, et le Louvre s'élève;
LOUIS, pour l'embellir, aux Arts dicte ses lois;
Enfin, pour couronner l'œuvre de deux grands Rois,
NAPOLÉON paraît, et le Louvre s'achève.

Buste de S. M. l'Empereur et Roi,
dans la Salle de la Mairie du douzième Arrondissement.

Héros, Législateur, Arbitre de la Terre,
Empereur, Roi : du Peuple IL est ici le Père.

Porte triomphale du Palais des Tuileries.

A quoi bon ces coursiers et ce char de victoire?
Ne LUI suffit-il pas des ailes de la Gloire?

Fontaine des Invalides, surmontée du Lion conquis à Venise,
par S. M. l'Empereur et Roi.

Ecquid, Nympha, comes monstrum tibi? nonne pavescis?
— Rides; Napoleo leniit antè Feram.

Louvre.

Surgere jussit humo Franciscus conditor: auxit,
Nobilibusque dedit Lodoicus stare columnis;
At Luparæ, triplex quam non absolverat ætas,
Napoleonis erat supremum imponere finem.

Buste de S. M. l'Empereur et Roi,
dans la Salle de la Mairie du douzième Arrondissement.

Arbiter Europæ, Cæsar, Rex, Legifer, Heros:
Civibus hîc melius gaudet adesse Pater.

Porte triomphale du Palais des Tuileries.

Quid juvat hic currus? quid equorum nobilis ordo?
Alas Fama Viro tradidit antè suas.

Statue de Sa Majesté l'Empereur et Roi,
dans la Salle de l'Institut de France.

Son image à la fois nous offre plusieurs Dieux :
Dans les camps il est Mars, Apollon dans ces lieux.

Fontaine projetée pour le Palais des Sciences et des Arts.

Quand jaillissent ici tous les flots d'Hippocrène,
Près du Pinde Français, pourquoi cette Fontaine?

Tombeau de Sainte-Geneviève, à Saint-Etienne-du-Mont.

Sainte Religion, jouis de ta victoire :
A ton culte rendue, une illustre Cité
Retrouve sa Patronne, et la voit, dans sa gloire,
S'élancer du tombeau vers la Divinité.

Statue de Sa Majesté l'Empereur et Roi,
dans la Salle de l'Institut de France.

Numina plura refert unâ sub imagine : castris
    Mars tonat; hîc nobis Præses Apollo favet.

Fontaine projetée pour le Palais des Sciences et des Arts.

Quid fons vilis, ubi sacros Academia fontis
    Aonii latices colligit ipsa sinu ?

Tombeau de Sainte-Geneviève, à Saint-Etienne-du-Mont.

Dùm plaudit Pietas, stupefactis civibus adstans
Oblito nimiùm surgit Genovefa sepulchro.

========

Nouveau Cimetière de la ville de Saint-Denis.

Ut cineri sit honos, ut tutiùs ossa quiescant,
Hîc sacrum Pietas signat habetque locum.

———

Hôtel de la Préfecture de la Seine.

Consulit hîc Prætor Reginæ providus Urbi,
Sequanicisque patet civibus alma domus.

———

Halle aux Blés.

Messis ut accedit muros advecta quotannis,
Hîc reserat nutrix horrea vasta Ceres.

———

Chambre de Vente des Notaires impériaux, à Paris.

Hîc, ut emas tutus venalia rura domosque,
Incorrupta fides et certa scientia præsunt.

———

Palais des Sciences et des Arts.

Artes hîc Templum posuêre, Scientia sedem:
Hîc sua sunt Phœbo, sua sunt altaria Musis.

(21)

Athénée des Arts.

Ut vigeant Artes, varioque Scientia cultu,
   Ut sit honos Musis, Atria nostra patent.

Palais du Sénat.

Hîc sedet, Imperii Legum Tutela, Senatus.

Hôtel-Dieu.

Hîc inopem Pietas Ægrum, Gallus sit, an Hospes,
Excipit, et mater nullo discrimine curat.

Hôtel des Monnaies.

Hîc fluit in nummos, peperit quod terra, metallum.

Statue équestre de S. M. l'Empereur et Roi.

Hîc posuêre Virum concordi fœdere cives. *

* Cette Statue avait été votée, en Juillet 1806, par les habitans de Paris.

Tombeau de Charlemagne, à Aix-la-Chapelle.

Ici fut d'un grand Roi la demeure dernière :
Sa cendre a disparu; son nom remplit la Terre.
La Cité qu'il chérit releva son tombeau,
Lorsqu'un jeune Monarque, héritier de sa gloire,
Couronné comme lui des mains de la Victoire,
Jetait les fondemens d'un Empire nouveau.

Tombeau de Fénélon, à Cambrai.

Ici gît Fénélon : la vertu, le génie,
La douce bienfaisance ont illustré sa vie.
Par des écrits profonds, qu'il sut orner de fleurs,
Il soumit les esprits, et captiva les cœurs.
Vous, dont le Monde attend des exemples à suivre,
Monarques, vos devoirs sont tracés dans son Livre.

Tombeau du Général Desaix, au Mont Saint-Bernard.

Le voilà ce Guerrier dont l'intrépide ardeur
Nous fit pleurer sa mort au sein de la Victoire.
Ce Marbre ne saurait ajouter à sa gloire :
Qu'il atteste du moins notre juste douleur !

Tombeau de Charlemagne, à Aix-la-Chapelle.

Carolus hîc jacuit Magnus : post funera vivax,
Si desunt cineres, cum tempore gloria crescit.
Urbs memor antiquum tumulo persolvit honorem,
Dùm novus Imperii laudisque renascitur Hæres.

Tombeau de Fénélon, à Cambrai.

Hîc jacet, heu ! Fenelo, clarus pietate benignâ,
Ingenio clarus, quo Gallia cive superbit,
Quo moniti Reges Populis dant jura beatis.
Vivet in æternùm Præsul ; celebrabitur idem
Scriptor, Virtuti dùm præmia certa manebunt,
Post genitis carus, viduæ sed carior Urbi.

Tombeau du Général Desaix, au Mont Saint-Bernard.

Heu ! cecidit Dux magnanimus ; sed gloria campis
Stat Marengæis, nullo delebilis ævo.
Marmore non crescet decus immortale triumphi,
Nec mœrens unquàm solvet se Patria luctu.

Tombeau de S. Em. Monseigneur le Cardinal DE BELLOY,
Archevêque de Paris.

C'en est fait, il n'est plus ce Prélat vénérable :
Paris a revêtu de longs habits de deuil ;
Et la Religion, d'une voix lamentable,
    Gémit sur son cercueil.
D'un siècle de vertus ô trop courte durée !
Le pauvre et l'orphelin l'ont perdu pour toujours.
Fallait-il, d'une vie aux bienfaits consacrée,
    Voir terminer le cours !
A nos regrets pourtant se mêlent quelques charmes :
Consolons-nous ; assis sur un trône immortel,
Il respire, celui qui fait couler nos larmes,
    Au sein de l'Éternel.
Son Clergé l'entourait à son heure dernière ;
Que près de vous, dit-il, mes restes soient placés !
Le Grand NAPOLÉON entendit sa prière :
    Ses vœux sont exaucés.

Nouveau Canal d'Aigue-Morte à Beaucaire.

L'Art a créé ce fleuve ; à la voix de la France,
D'Aigue-Morte à Beaucaire enfin la mer s'élance.
A l'aspect des trésors étalés en ces lieux,
Le Commerce applaudit : depuis longtemps ses vœux
Appelaient d'un Canal la présence féconde,
Et désormais Beaucaire est l'Entrepôt du Monde,

Tombeau de S. Em. Monseigneur le Cardinal DE BELLOY,
  Archevéque de Paris.

Ergò tuus cecidit, Regina Lutetia, Pastor
  Quem frustrà Pietas Relligioque vocant!
Ætas, longa licet, brevior fuit; optimus Urbi
  Qui vixit, nunquàm debuit ille mori.
Sint tamen, ô cives, justi solatia luctûs,
  Cœlo quòd Patrem præmia certa manent.
Hanc quoque NAPOLEO tribuit post funera laudem:
  Presbyteros inter Presbyter ipse jacet.

———

Nouveau Canal d'Aigue-Morte à Beaucaire.

Artis opus, flumen quod cernis: Gallia jussit,
Insolitumque ruit, populis mirantibus, æquor.
Hìnc, aditus brevior nautis; vos, plaudite, cives:
Eccè patet gravidus longinquâ merce Canalis.

4

Porte principale de la ville de Péronne, dite la Pucelle.

D'ennemis conjurés une horde cruelle
Vainement foudroya ces tours et ces remparts :
Péronne est invincible; et sur ses étendards
La Victoire a tracé : PÉRONNE LA PUCELLE.

Tombeau de Bayard, à Grenoble.

Le Héros dont le nom rappelle la vaillance,
Bayard, cher à son Roi, Bayard, cher à la France,
Repose sous ce marbre, et vit dans tous les cœurs.
N'offre point à sa cendre un vain tribut de pleurs,
Soldat: en l'imitant, honore sa mémoire;
Et souviens-toi toujours que son siècle et l'Histoire,
Pour prix de ses vertus, pour prix de sa valeur,
L'ont nommé CHEVALIER SANS REPROCHE ET SANS PEUR.

Tombeau de Linnée, à Upsal.

A l'immortel Amant des plantes et des fleurs,
Au grand Linnée, Upsal et la Nature en pleurs
Consacrent ce tombeau protecteur de sa cendre.
C'est ici que souvent sa voix se fit entendre.
Il sut aux végétaux, en ses doctes leçons,
Assigner et leur classe, et leur genre, et leurs noms.
Puisse ce monument, offert à sa mémoire,
Durer aussi longtemps que durera sa gloire!

Porte principale de la ville de Péronne, dite la Pucelle.

Sæpiùs hostis atrox obsessam terruit Urbem:
Restitit, et VIRGO dicta PERONNA fuit.

Tombeau de Bayard, à Grenoble.

Quem Rex Franciscus, quem Mars, quem Gallia flevit,
Flos Equitum tegitur saxo, dùm gloria fulget!
Parce piis, Miles, lacrymis: venerabere fidus
Heroem meliùs factis imitator ademptum.
Hæc tanti laus digna Viri, quem Fama per Orbem
IMPAVIDUM JUSTUMQUE suo cognomine dixit.

Tombeau de Linnée, à Upsal.

Hîc Natura dolet, Linnæo tristis adempto,
Et frustrà socium Flora relicta vocat.
Qui varias rerum distinxit nomine formas,
Alter Aristoteles, Plinius alter erat.
Nostra Viro tumulum vovet hunc Upsalia mœrens:
Sed vivet, tumulo deficiente, decus.

Statue de Jeanne d'Arc, à Orléans.

Son bras soutint le trône et vengea son pays;
Et de sa noble audace un bûcher fut le prix!
Pour rendre à sa mémoire un éclatant hommage,
Puisse, dans Orléans qu'illustra son courage,
Ce Bronze, relevé par l'amour des Français,
Consacrer à jamais sa gloire et leurs regrets!

Monument à la gloire de Laure et de Pétrarque, à Vaucluse.

C'est ici qu'autrefois, sur sa lyre immortelle,
Pétrarque a chanté Laure.... il repose loin d'elle!...
Peintre du sentiment, il trouva dans son cœur
Ses vers qui n'ont jamais alarmé la pudeur,
Qui respirent le feu dont il brûla pour Laure,
Et que l'Echo fidèle aime à redire encore.
O toi, qui suis les pas de ce Chantre sacré,
Puisses-tu, comme lui, par l'Amour inspiré,
Vouer, rival heureux de gloire et de tendresse,
A l'immortalité tes vers et ta Maîtresse!

Statue de Jeanne d'Arc , à Orléans.

Restituit dubiam, Regni Tutela, Coronam;
  Victima sacrilego mox perit usta rogo !
Ære sed ultori spirabit imago per Urbem,
  Virtus ut nostro corde superstes erit.

Monument à la gloire de Laure et de Pétrarque ,
à Vaucluse.

Hîc Lauram cecinit, procul, heu! Petrarcha sepultus :
Vivos læsit Amor, nec Amor post funera junxit.
Quæ Venus afflavit Vati, dilecta Camœnis,
Carmina non Virtus, nec tu, Pudor ipse, recuses.
Si nostri sequeris vestigia sacra Poetæ
Æmulus, ô utinam plectrum nova Laura ministret !

====

Colonne Triomphale de la Place Vendôme,

surmontée

de la Statue de S. M. l'Empereur et Roi.

De ce bronze aux Français un Héros fit hommage,
Et la Reconnaissance y plaça son image.
Du haut de ce Trophée, élevé jusqu'aux cieux,
Il veille sur l'Empire, à l'exemple des Dieux,
Répand sur ses Guerriers le feu de son génie,
Commande à la Fortune, et fait taire l'Envie.

=======

Colonne Triomphale de la Place Vendôme,

surmontée

de la Statue de S. M. l'Empereur et Roi.

Quàm super hostili votivam ex ære Columnam
  Stat benè, Gallica Gens, Martis imago tui !
Hìnc, licet ad cœlum properans, non immemor Orbis,
  Invigilat Populis quos ditione beat.
Tempus et Invidiam calcat pede; Regna peribunt :
  Nomen at æternum NAPOLEONIS erit.

PREMIER

RAPPORT

Lu dans la 70.ᵉ Séance publique de l'Athénée des Arts,

SUR LES

INSCRIPTIONS

FRANÇAISES ET LATINES

DE M. DUBOS AINÉ.

Par M. F. P. A. LÉGER DARANCE,

Membre de l'Athénée des Arts, et de plusieurs autres Sociétés savantes.

RAPPORT

INSCRIPTIONS FRANÇAISES ET LATINES

DE M. DUBOS AINÉ.

9 Vendémiaire an XII,

Messieurs,

M. *Dubos* aîné a soumis à l'examen de l'Athénée des Arts quelques inscriptions latines et françaises, qu'il a composées pour divers monumens de la Capitale. L'assemblée générale a chargé la Classe des Belles-Lettres d'en faire

5

un rapport. C'est l'objet sur lequel je viens appeler votre attention et fixer vos idées.

Les Sociétés savantes sont, par la nature même de leur institution, des espèces d'intermédiaires placées entre le talent modeste qui invente ou perfectionne, et l'autorité tutélaire qui accueille et encourage. Plusieurs fois déja nous avons vu adopter, par le Gouvernement, des ouvrages, des inventions, des découvertes auxquels l'assentiment de l'Athénée avait, en quelque sorte, donné des lettres de créance; et je me félicite d'avoir à vous entretenir aujourd'hui d'un travail qui, pour être peu considérable dans son étendue, n'est pas moins important par son objet.

Mais avant d'entrer dans l'examen des inscriptions de M. *Dubos*, permettez-nous, non pas d'approfondir, mais d'effleurer quelques questions qui se présentent naturellement; elles nous ont paru dignes de l'attention d'une Société qui met au rang de ses plaisirs et de ses devoirs de s'occuper de tout ce qui peut intéresser les Arts et les Sciences.

On a longtemps et longuement discuté pour savoir si la langue française était aussi convenable que la langue latine au style lapidaire et numismatique. *Santeul*, l'abbé *de Bourzeïs*, le *père Lucas* et les auteurs de l'*Encyclopédie,* ont donné, sans hésiter, la préférence au latin : *Henri Etienne*, *Lelaboureur*, *Charpentier* et le Président *Roland* ont réclamé et soutenu vivement les droits et les prérogatives de leur langue maternelle; mais tous ces

illustres antagonistes se fussent épargné de longues dis-
cussions, si la question eût d'abord été présentée sous
son véritable point de vue. Ce n'était pas, en effet, la
préexcellence des idiomes qu'il s'agissait d'examiner, mais
ce problème bien simple qu'il fallait résoudre franche-
ment :

Les inscriptions placées sur les monumens publics doi-
vent-elles être en langue vulgaire ?

Il faut convenir qu'on n'aurait pas osé faire sérieuse-
ment une pareille question dans Athènes ou dans Rome.
Les Grecs et les Romains avaient de la gloire et de la
dignité nationale une trop haute idée pour mettre en
doute une vérité que la raison et le simple bon sens
avaient depuis longtemps consacrée. Quel est le but, en
effet, des inscriptions publiques? N'est-ce pas de perpé-
tuer parmi le peuple de grands souvenirs, de rappeler
de grandes actions, ou de faire naître de grandes idées?
Comment pourront-elles atteindre ce but, si elles sont
écrites dans une langue inconnue à la presque totalité du
peuple auquel elles sont offertes ? Elles seront donc le
patrimoine exclusif d'un petit nombre de gens instruits,
qui, depuis longtemps, ont pu connaître, dans l'histoire, ou les hommes ou les faits qu'elles rappellent :
ainsi ces inscriptions et ces monumens, pleins d'élo-
quence et de vie pour ceux qui n'en ont pas besoin,
seront muets et inanimés pour ceux qu'ils devraient spé-
cialement instruire.

Qu'on ne vienne donc plus nous objecter que les chan-

gemens et les modifications auxquels les langues vivantes
sont sujettes ont dû forcer de recourir, pour les inscriptions,
à une langue irrévocablement fixée, et plus universellement
connue; l'exemple seul des Romains détruit cette frivole
objection. Assurément la langue latine était encore loin de
la perfection où l'ont portée les grands écrivains du deuxième âge, lorsque, pendant la première guerre punique,
le Sénat voulut que l'inscription placée sur la colonne
rostrale élevée en l'honneur du Consul Caïus-Duilius,
fût en langue vulgaire. Il s'en fallait beaucoup qu'elle fût
universellement répandue à cette époque, puisque deux
cents ans après, sous le règne d'Auguste, la langue des
conquérans de l'univers était encore renfermée dans un
espace extrêmement resserré. D'après le témoignage de Cicéron, elle n'occupait même pas tout ce que nous appelons
aujourd'hui l'Italie. Le royaume de Naples, qu'on nommait
la grande Grèce, toute la Sicile, une partie de l'Asie, de
l'Egypte, presque tous les bords de la Méditerranée, par-
laient grec; c'était la langue de toutes les nations civilisées.
Sous le règne des Empereurs, les progrès du latin ne
furent pas plus sensibles; et cette langue, si riche, si féconde, si majestueuse, cette langue qui comptait tant
de chefs-d'œuvre, était déja, pour ainsi dire, dénaturée
avant que d'être connue des peuples soumis à la domi-
nation de ceux qui l'avaient portée au dernier degré de
perfection.

Ce n'est donc point à son universalité que la langue latine a dû, chez les Romains, le privilége d'être employée

aux inscriptions des monumens publics; mais à ce motif également juste, naturel et respectable, que tout ce qui a pour but la gloire et l'instruction d'un peuple doit lui être présenté dans sa langue maternelle : eh! qui remplit mieux ce double objet que les monumens élevés pour servir d'éternel aliment à l'estime et à l'émulation publique!

Mais supposons même, pour un instant, qu'une langue morte quelconque, grecque, latine, syriaque, hébraïque, ou toute autre, soit aussi familière à la masse du peuple qu'elle peut l'être à quelques savans, je ne crains pas de dire que, dans cette hypothèse même, l'inscription perdrait, pour tout le monde, la moitié de son prix.

En effet, si l'aspect des lieux qui nous ont vu naître, et où notre ame s'est ouverte aux impressions d'une douce sensibilité, produit sur nous-mêmes des retours intéressans, et nous rappelle de vives émotions; par la même raison, notre première langue réveille en nous, à tout moment, des affections personnelles dont l'intérêt se réfléchit sur tous les objets qui nous les ont causées; ce qu'on nous a dit dans nos plus jeunes ans, ce que nous avons dit nous-mêmes d'affectueux et de sensible, nous touche bien plus vivement, quand nous l'entendons répéter dans les mêmes termes et dans des circonstances à peu près semblables.

Et j'en prends à témoin l'assemblée qui m'écoute; ces expressions si simples: *Oh, mon père! oh, mon cher fils!*

ne sont-elles pas mille fois plus touchantes, plus pathétiques
pour nous, qui sommes Français, que ces mots latins qui
présentent la même idée : *Heu, pater! heu, fili!* Cependant nous en saisissons le sens avec la même facilité ; mais,
comme ils ne sont pas liés dans la pensée avec les mêmes
impressions habituelles et primitives que les mots de
notre propre langue, ils ne produisent ni le même effet, ni
la même sensation ; il faut que le raisonnement agisse : ce
n'est plus, pour ainsi dire, qu'un effet de répercussion ;
et il est un principe d'une vérité reconnue, c'est que le
sentiment agit sur les hommes avec bien plus de force
que le raisonnement ; et je demande si la plus belle
inscription écrite dans une langue étrangère, dont il faudra
chercher le sens, peut faire, sur le savant même, une
impression égale à celle qui, écrite dans sa langue naturelle, s'empare à la fois, sans peine et sans effort, de
toutes ses facultés intellectuelles ? Il existe, entre la langue
maternelle et le centre de nos sensations, un point de
contact qu'une langue morte saisira toujours difficilement;
et pour particulariser une idée générale : telle est la diffé-
rence que je trouve entre la langue latine et la langue
française, que la première me présente une idée, la seconde
éveille un sentiment : l'une parle à l'esprit, l'autre trouve
en même temps le chemin du cœur.

On ne peut donc qu'applaudir à la sagesse du Gouvernement qui, depuis quelques années, a cru devoir em-
ployer la langue vulgaire pour les inscriptions lapidaires et
numismatiques, et décider ainsi par le fait une question

demeurée si longtemps en litige. Hélas ! que cet usage
n'a-t-il été plus tôt adopté ! Combien de monumens fa-
meux, combien de chefs-d'œuvre des arts eussent échappé
à la destruction, s'ils avaient présenté une inscription
simple, claire, et française surtout, qui, en rappelant
leur but et leur objet mal saisi, aurait suspendu et
repoussé la main sacrilége des Vandales qui les ont
anéantis !

Nous croyons cependant qu'il serait facile de concilier
le respect et la reconnaissance qu'on doit à la langue de
Virgile et de Cicéron, avec la préférence que réclame celle
de Racine et de Montesquieu ; ce serait que les inscriptions
placées sur les monumens publics fussent écrites dans les
deux langues. Ce terme moyen satisferait les apologistes du
latin, et dissiperait les craintes de ceux qui ne condamnent
l'usage de la langue vulgaire en pareille circonstance, que
parce qu'elle est exposée aux changemens, aux altérations
qu'amène presque toujours, dans les langues vivantes,
une longue suite de siècles.

Sur quelle espèce de monumens publics est-il indispensable de placer des inscriptions ?

Telle est la dernière question que nous avons à vous
soumettre.

En jetant un coup-d'œil sur les monumens des Egyptiens,
des Grecs et des Romains, qui sont parvenus jusqu'à nous,
soit par tradition réelle, soit par représentation calcogra-
phique, il est certain que l'usage des inscriptions remonte à
l'époque des premiers services rendus à l'humanité par des

hommes privilégiés; et il n'est pas besoin de grands déve-
loppemens pour faire sentir le but et l'utilité de ces hommages consacrés au mérite par la reconnaissance. On con-
naît assez l'influence morale qu'exercent sur les peuples
civilisés ces espèces de livres toujours ouverts à l'admiration publique; rien n'agit plus puissamment sur ceux
qui portent en eux-mêmes le germe des grandes vertus,
des grands talens, des grandes actions, que les récom-
penses publiquement décernées aux bienfaiteurs de la patrie et de l'humanité.

Mais il est une autre espèce de monumens sur lesquels
on a peut-être longtemps négligé, surtout en France, de
placer des inscriptions caractéristiques qui rappelassent
sans cesse au peuple et leur but et leur destination; je
veux parler de ces établissemens consacrés à des objets
d'utilité publique et générale. Les amis des arts desirent
depuis longtemps que les édifices de cette nature portent
dans leur forme extérieure, présentent dans l'ensemble et
les détails de leur architecture, des signes distinctifs, une
physionomie particulière qui les fasse reconnaître au premier coup-d'œil. Des artistes philanthropes ont plusieurs
fois émis sur cette matière des idées et des plans aussi
sagement combinés, que simples à concevoir et faciles à
exécuter. Mais, en attendant que leur vœu puisse être
entièrement réalisé, il faut du moins suppléer, par l'inscription, à l'insuffisance matérielle de l'édifice : et certes,
il est plus important qu'on ne pense d'imprimer un caractère de grandeur à ces monumens qui intéressent

essentiellement la gloire et la prospérité de la nation en-
tière, de les environner d'une considération morale, d'un
respect religieux, à l'abri des injures du temps, des événemens et des circonstances.

Et c'est ici, Messieurs, qu'il m'est permis de vous con-
duire devant quelques-uns des établissemens publics qui
honorent à la fois et embellissent cette Capitale : c'est ici
que je dois y attacher, en votre présence, les inscriptions
de M. Dubos, les présenter dans leur véritable cadre, et,
pour ainsi dire, environnées de tous les accessoires dont
elles ont besoin pour faire apercevoir la justesse morale
et littéraire qui les caractérise.

Entrons d'abord au Jardin des Plantes.

La première idée qui frappe ceux qui le parcourent,
c'est l'éloge de celui que le Gouvernement a chargé de sa
culture et de son entretien. En effet, l'ordre, l'économie,
la belle tenue qui s'y font remarquer, méritent à l'habile
et laborieux Jean *Thouin* cette honorable distinction;
mais si, avant de pénétrer dans l'enceinte de ce jardin,
je lis sur son modeste portique cette inscription de
M. Dubos :

Hîc plantæ è variis collectæ partibus Orbis
Diversis pandunt natalem gentibus hortum.

Ou bien :

Ici des végétaux l'assemblage divers
A fait de ce Jardin celui de l'Univers.

6

Il est constant que les idées que présente l'inscription, liées avec le coup-d'œil enchanteur qu'offre l'ensemble de ce beau jardin, inspirent à la fois une foule de sensations dont l'esprit et le cœur sont agréablement affectés. On éprouve un sentiment d'estime et de reconnaissance pour les hommes éclairés qui ont réuni, classé, rapproché cette immensité de plantes exotiques et indigènes, étonnées, pour ainsi dire, de se nourrir des mêmes sucs, de partager le même sol, et d'offrir simultanément les ressources dont la nature les a rendu dépositaires, pour subvenir aux maux qui, trop souvent, affligent l'espèce humaine. On aime à se rappeler, dans cette enceinte, avec un plaisir mêlé d'attendrissement, l'anecdote de ce jeune étranger qui, transporté des bords de l'Indus aux rives de la Seine, aperçut dans le Jardin des Plantes un arbre qui lui rappelait le lieu de sa naissance, et qui, s'élançant avec la rapidité de l'éclair sur cet arbre si précieux pour lui, le tint étroitement embrassé, le baigna de ses larmes, attestant ainsi cette vérité proclamée par l'un de nos plus grands poètes :

A tous les cœurs bien nés que la Patrie est chère !

Si du Jardin des Plantes je viens à l'hospice connu sous la dénomination de l'*Hospice des Orphelins*, j'éprouve un sentiment pénible à l'aspect de ces infortunés, privés, dès le berceau, de la douceur d'embrasser un père, de recueillir les soins et les caresses d'une mère, et con-

damnés, presqu'en naissant, à l'abandon le plus cruel, à
la misère la plus désespérante. Mon ame indignée se sou-
lève en songeant à ces êtres dégradés, qui semblent
n'avoir reçu le caractère le plus saint, le plus auguste
que la nature ait imprimé à l'homme, que pour le mé-
connaître et le fouler aux pieds; mais mon œil se porte
sur cette inscription :

> Hîc puer, infelix ignoto patre, labores
> Ediscit varios, olim ne tangat egestas.

Ou bien en français :

> L'Orphelin, au travail exercé dès l'enfance,
> Apprend dans cet asile à vaincre l'indigence.

Alors, je me sens soulagé du poids qui m'avait d'abord
oppressé : je bénis la Providence, *dont*, comme l'a dit
Racine, *la bonté s'étend sur toute la nature ;* je bénis
la surveillance du Gouvernement paternel qui la repré-
sente ; et, plein des idées consolantes que cette inscription
m'a fait naître, j'aperçois cette autre placée sur la porte
du *Musée des Monumens Français :*

> Quid juvat aula frequens? fractis hîc marmora sceptris
> Rebus in humanis quàm sit testantur inane !

Ou bien :

> Des humaines grandeurs abîme dévorant
> La Tombe atteste ici l'orgueil et le néant.

Que de réflexions ! que d'idées ! que de sensations se
présentent en foule à la suite de cette courte inscription !
En pénétrant dans l'enceinte de ce vaste et lugubre édifice,
le vulgaire n'est frappé que de la masse des statues, des
marbres, des tombeaux qui s'offrent à sa vue ; il applaudit
à la persévérance des artistes infatigables qui, à force de
sacrifices et de soins, ont recueilli cette immense collection ;
il rend justice au goût qui a présidé à sa division par ordre
chronologique. Mais l'observateur philosophe y voit bien
plus encore ! que d'histoires, que de volumes il faudrait
parcourir pour trouver les contrastes et les rapprochemens
qu'on y peut embrasser d'un seul coup-d'œil ! Vainement
l'orgueil, le mensonge et la flatterie ont surchargé ces nom-
breux cénotaphes d'inscriptions fastueuses ; la vérité est là
pour effacer leur ouvrage ; et, malgré les titres pompeux
dont ces marbres sont revêtus, une éternelle exécration,
un opprobre vengeur n'en restent pas moins attachés aux
tombeaux de *Frédégonde*, de *Charles IX*, du *Cardinal
Dubois ;* comme l'estime, le respect et la reconnaissance
publique environneront toujours la tombe de *Sully*, du
Chancelier de l'Hôpital, de *Louis XII* et de *Henri IV*.

Je regrette de ne pouvoir suivre plus longtemps
M. Dubos dans sa course épigraphique ; j'aurais souhaité
de vous offrir quelques autres inscriptions qui nous ont
paru réunir la précision, la justesse et la clarté, telles que
celle-ci, destinée à l'institution des Sourds-Muets :

Hìc, mirum ! arte novâ Naturæ damna rependens,
Alloquitur Mutus Surdum, Surdusque reponit.

En français.

Ici, des Sourds-Muets la jeunesse exercée,
Par signes, communique et reçoit la pensée.

Et cette autre destinée pour la *Manufacture des Gobelins.*

Artifici referens varias hic cuspide formas
Lana colore Viros, Naturam, Numina fingit.

En français.

Ici l'art d'Arachné, rival de la Peinture,
Reproduit les Héros, les Dieux et la Nature.

Pour ne pas vous fatiguer, je m'arrête : d'ailleurs, toutes
les inscriptions présentées par M. Dubos ne sont pas également heureuses. Mais comme dans les productions de
cette espèce il n'existe pas de solidarité, il suffit que
quelques-unes d'entre elles, qu'une seule même réunisse
les qualités qu'exige ce genre difficile, pour que l'Athénée accueille avec distinction un écrivain qui a le mérite
d'ouvrir une carrière nouvelle, et de fixer l'attention sur
un objet extrêmement important.

C'est d'après ces considérations que, sur le rapport de
la Classe des Belles-Lettres, l'assemblée générale de
l'Athénée a arrêté qu'il serait fait mention honorable, en

séance publique, des essais de M. Dubos, et que le rapport des commissaires serait envoyé au Ministre de l'Intérieur et au Préfet du Département.

Signé PORCHER, *Président;* VALLÉE, *Vice-Président;* F. V. MULOT, BIENAIMÉ, *Secrétaires.*

F. P. A. LÉGER DARANCE, *Rapporteur.*

DEUXIÈME

RAPPORT

Lu dans la 76.ᵉ Séance publique de l'Athénée des Arts,

SUR LES

INSCRIPTIONS

FRANÇAISES ET LATINES

DE M. DUBOS AÎNÉ.

Par M. F. P. A. LÉGER DARANCE,

Membre de l'Athénée des Arts, et de plusieurs autres Sociétés savantes.

DEUXIÈME
RAPPORT

SUR LES

INSCRIPTIONS FRANÇAISES ET LATINES

DE M. DUBOS AINÉ.

9 Mars 1806.

Messieurs,

La Classe des Belles-Lettres m'a chargé de faire à l'Athénée un rapport sur les nouvelles inscriptions de M. Dubos aîné; c'est une mission que j'ai acceptée avec plaisir, et que je remplis avec empressement.

7

S'il fut jamais une époque mémorable et glorieuse pour
la France, c'est celle, sans contredit, où le chef du Gouvernement, forcé de repousser des agressions injustes, de
secourir des alliés fidèles, de soutenir des droits méconn-
nus, a prouvé ce que peuvent l'activité, la prudence et
le courage chargés de défendre un bonne cause. Dans
l'espace de trois mois, les Armées françaises ont parcouru
une carrière que des Armées réputées invincibles eussent
à peine franchie dans l'intervalle de trois années : le siècle
des grands hommes est le siècle des prodiges. Je ne retra-
cerai point ici des faits qui appartiennent à l'histoire, et
que l'admiration générale a déja placés au rang que la
postérité leur assignera ; mais ce que je rappellerai avec
complaisance dans une enceinte consacrée aux arts, aux
sciences et aux lettres, c'est qu'au milieu des embarras et
des dépenses d'une guerre presque imprévue, les travaux
qui tiennent à l'éclat et à la prospérité de l'intérieur de
l'Empire, n'ont éprouvé ni interruption ni ralentissement.
Vous connaissez les immenses travaux qui s'exécutent
dans cette Capitale : les départemens ont déployé le
même zèle et la même activité. Les canaux destinés à
vivifier le commerce et l'industrie ont été achevés ; plusieurs villes se sont empressées de consacrer des monumens à la mémoire des grands hommes, ou de relever leurs
tombeaux, que le vandalisme avait ou profanés ou détruits.
Charlemagne dans Aix-la-Chapelle, Bayard dans Grenoble, Fénélon dans Cambrai, Laure et Pétrarque dans
Avignon, ont été ou présentés ou rendus à la vénération

publique; il semble que d'un bout de la France à l'autre on ait voulu simultanément exhumer des grands hommes, pour les rendre témoins de prodiges presque inconnus à leur siècle; prodiges dont par leurs talens et leur valeur ils eussent mérité d'être les chantres ou les héros. Le concours et l'empressement des arts à ressusciter des hommes illustres, devaient provoquer l'émulation de la poésie; c'était une sorte d'appel que l'architecture et la sculpture lui faisaient. M. Dubos a essayé d'y répondre dans le genre qu'il a adopté, et qui, pour être de peu d'étendue, n'en n'offre ni moins de difficultés, ni moins de mérite, puisque la briéveté, la précision et la justeşe le constituent essentiellement. Vous avez entendu, Messieurs, dans vos séances particulières, les nouvelles inscriptions dont notre confrère a enrichi son Recueil. Je n'ajouterai aucune observation au jugement que vous en avez porté; c'est au temps, c'est à la réflexion, c'est aux dépositaires de l'autorité, qu'il appartient de peser la valeur des écrits de cette nature, et d'en ordonner l'emploi. Notre mission se borne à les faire connaître et à les offrir à l'attention du public éclairé.

Lorsque j'eus l'honneur, il y a deux ans, de vous soumettre un rapport sur les premières inscriptions de notre confrère, j'essayai d'établir les avantages et les inconvéniens que présentent la langue latine et la langue française pour le style lapidaire et numismatique. Sans contester au latin la supériorité de sa précision, je crus devoir insister sur la nécessité de joindre à l'inscription latine une tra-

duction en langue vulgaire : M. Dubos a tranché la
question, en composant toutes ses inscriptions dans les
deux langues. Mais qu'on me permette de revenir encore
sur l'importance, trop peu sentie peut-être, d'enrichir
d'inscriptions les monumens publics destinés à rappeler
de grands souvenirs, ou consacrés à des objets philan-
thropiques et d'utilité générale. Combien de monumens
dont l'origine et le but se sont perdus ou dénaturés dans
la nuit des temps, parce qu'une simple inscription n'en a
pas perpétué la mémoire! L'architecture et la sculpture
parlent aux yeux : mais quelque caractère que l'artiste
donne au monument qu'il compose, et quelque talent qu'il
déploye dans l'ensemble, dans les détails, il est difficile
qu'après un long espace de temps, son intention soit
toujours également sentie, si une inscription conservatrice
ne la traduit, en quelque sorte, pour tous les peuples et
pour tous les siècles. S'il est donc vrai que l'inscription
soit nécessaire pour les monumens qui, grâces aux ressources de l'art, présentent un but bien prononcé, elle
devient indispensable pour cette espèce de monumens qui
n'offre à l'œil le plus exercé aucun caractère distinctif.

En vous soumettant ses premières inscriptions, M. Dubos
vous a fait parcourir les principaux monumens de cette
Capitale. Il vous ménage anjourd'hui une plus longue
excursion, mais qui ne sera ni plus pénible, ni moins
agréable. L'homme de lettres est naturellement cosmo-
polite; tout en se glorifiant du pays qui l'a vu naître,
admirateur des grands hommes qui ont illustré sa patrie,

il n'en rend pas moins justice à ceux qui sont nés sous un ciel étranger : le talent et le génie sont de tous les siècles et de tous les climats.

La ville d'Upsal a consacré un monument au célèbre Linnée, dans le lieu même où ce savant naturaliste donnait ses leçons. Ce tribut, payé au Buffon de la Suède, a inspiré à M. Dubos l'inscription suivante :

Pour le Tombeau de Linnée.

« Hîc Natura dolet, Linnæo tristis adempto,
  « Et frustrà socium Flora relicta vocat.
« Qui varias rerum distinxit nomine formas,
  « Alter Aristoteles, Plinius alter erat.
« Nostra Viro tumulum vovet hunc Upsalia mœrens :
  « Sed vivet, tumulo deficiente, decus. »

En français.

« A l'immortel Amant des plantes et des fleurs,
« Au grand Linnée, Upsal et la Nature en pleurs
« Consacrent ce tombeau protecteur de sa cendre.
« C'est ici que souvent sa voix se fit entendre.
« Il sut aux végétaux, en ses doctes leçons,
« Assigner et leur classe, et leur genre, et leurs noms.
« Puisse ce monument, offert à sa mémoire,
« Durer aussi longtemps que durera sa gloire ! »

Des événemens qu'il est inutile de rappeler ont fait disparaître les restes de Charlemagne, déposés dans Aix-la-Chapelle : à l'avénement de Napoléon au trône des Français, cette ville s'empressa de relever le tombeau d'un Monarque qui avait établi dans ses murs le siége de son empire; notre confrère a composé pour cette circonstance une inscription dont les rapprochemens seront saisis par les contemporains, et n'échapperont point au burin de l'Histoire.

Pour le Tombeau de Charlemagne.

« Carolus hîc jacuit Magnus : post funera vivax,
« Si desunt cineres, cum tempore gloria crescit.
« Urbs memor antiquum tumulo persolvit honorem,
« Dùm novus Imperii laudisque renascitur Hæres. »

En français.

« Ici fut d'un grand Roi la demeure dernière :
« Sa cendre a disparu, son nom remplit la Terre.
« La Cité qu'il chérit releva son tombeau,
« Lorsqu'un jeune Monarque, héritier de sa gloire,
« Couronné comme lui des mains de la Victoire,
« Jetait les fondemens d'un Empire nouveau. »

Plus heureuse et non moins reconnaissante la ville de Cambrai a voulu payer aux cendres de Fénélon qu'elle a religieusement conservées, le tribut de respect dû à la mémoire de ce grand homme. Cet illustre Prélat, dont le nom rappelle la bonté, la tolérance et les douces ver-

tus qui devraient toujours accompagner le Sacerdoce,
l'immortel auteur du Télémaque, Fénélon enfin méritait,
à plus d'un titre, les hommages que l'on rend aujourd'hui
à ses talens comme Ecrivain, à ses vertus comme Prélat.
M. Dubos a cru devoir s'associer à la reconnaissance
de la ville de Cambrai, en composant l'inscription suivante :

Pour le Tombeau de Fénélon.

« Hîc jacet, heu! Fenelo, clarus pietate benignâ,
« Ingenio clarus, quo Gallia cive superbit,
« Quo moniti Reges Populis dant jura beatis.
« Vivet in æternùm Præsul; celebrabitur idem
« Scriptor, Virtuti dùm præmia certa manebunt,
« Post genitis carus, viduæ sed carior Urbi. »

En français.

« Ici gît Fénélon : la vertu, le génie,
« La douce bienfaisance ont illustré sa vie.
« Par des écrits profonds, qu'il sut orner de fleurs,
« Il soumit les esprits, et captiva les cœurs.
« Vous, dont le monde attend des exemples à suivre,
« Monarques, vos devoirs sont tracés dans son Livre.»

Pouvait-il être oublié dans ce concours d'hommages
rendus aux grands hommes des siècles passés, ce bon,
ce preux, ce féal Chevalier, ce Bayard enfin dont la mémoire se lie si étroitement à tout ce que la loyauté a de

plus respectable, la bravoure de plus éclatant, l'héroïsme de plus glorieux? non : la ville de Grenoble, dépositaire de sa cendre, lui a élevé un monument, et certes personne ne sera tenté de démentir l'éloge bien mérité que renferme l'inscription que notre confrère a consacrée à ses mânes :

Pour le Tombeau de Bayard.

« Quem Rex Franciscus, quem Mars, quem Gallia flevit,
« Flos Equitum tegitur saxo, dùm gloria fulget!
« Parce piis, Miles, lacrymis : venerabere fidus
« Heroem meliùs factis imitator ademptum.
« Hæc tanti laus digna Viri, quem Fama per Orbem
« IMPAVIDUM JUSTUMQUE suo cognomine dixit. »

En français.

« Le Héros dont le nom rappelle la vaillance,
« Bayard, cher à son Roi; Bayard, cher à la France,
« Repose sous ce marbre, et vit dans tous les cœurs.
« N'offre point à sa cendre un vain tribut de pleurs,
« Soldat : en l'imitant, honore sa mémoire;
« Et souviens-toi toujours que son siècle et l'Histoire,
« Pour prix de ses vertus, pour prix de sa valeur,
« L'ont nommé CHEVALIER SANS REPROCHE ET SANS PEUR. »

Quand les hommes célèbres semblent renaître de toutes parts, Vaucluse ne pouvait pas négliger Pétrarque; ce poète devait encore retrouver un laurier dans les lieux même où sa Muse en cueillit tant de fois, près de cette Fontaine que ses amours, ses vers et ses malheurs ont immortalisée. Voici l'inscription composée par M. Dubos, pour le monument élevé à la mémoire du Chantre de Laure, à cet Amant infortuné, qui, au tourment d'avoir pendant sa vie aimé sans espoir et sans récompense, joignit encore le regret d'être, après sa mort, séparé de l'objet de sa tendresse.

Pour Pétrarque, à Vaucluse.

« Hîc Lauram cecinit, procul, heu! Petrarcha sepultus :
« Vivos læsit Amor, nec Amor post funera junxit.
« Quæ Venus afflavit Vati, dilecta Camœnis,
« Carmina non Virtus, nec tu, Pudor ipse, recuses.
« Si nostri sequeris vestigia sacra Poetæ
« Æmulus, ô utinam plectrum nova Laura ministret! »

En français.

« C'est ici qu'autrefois, sur sa lyre immortelle,
« Pétrarque a chanté Laure.... il repose loin d'elle!...
« Peintre du sentiment, il trouva dans son cœur
« Ses vers qui n'ont jamais alarmé la pudeur,
« Qui respirent le feu dont il brûla pour Laure,
« Et que l'Echo fidèle aime à redire encore.
« O toi, qui suis les pas de ce Chantre sacré,
« Puisses-tu, comme lui, par l'Amour inspiré,
« Vouer, rival heureux de gloire et de tendresse,
« A l'immortalité tes vers et ta Maîtresse! »

8

Si les bornes de cette séance me permettaient de pro-
longer les citations, je reproduirais avec plaisir beaucoup
d'autres inscriptions de notre confrère : je me bornerai à
vous en citer trois encore, qui, malgré leur briéveté,
occupent un rang distingué dans sa collection.

Pour la Bibliothèque Impériale.

« Hic, ubi Musarum reserat penetralia Phœbus,
« Scriptores varii redivivaque sæcla supersunt. »

En français.

« Ici, dans les écrits de l'Univers savant,
« Tout grand homme respire, et tout siècle est vivant. »

Pour l'Hospice de la Maternité.

« Tectum Mater egens, innupta Puerpera tectum
« Hic habet, innocuam quo procreet abdita prolem. »

En français.

« Victime de l'Amour ou du Sort, une Mère
« Peut cacher, en ce lieu, sa honte ou sa misère. »

Pour le Musée Napoléon.

« Hic spirant simulacra Virûm, simulacra Deorum,
« Per varios casus meritis benè parta triumphis. »

En français.

« Ces Chefs-d'œuvre des Arts conquis par la Victoire,
« Ces Marbres, ces Tableaux, ces Grands Hommes, ces Dieux,
« A la voix d'un Héros réunis en ces lieux,
« Aux siècles à venir attesteront sa gloire. »

Comme membre de l'Athénée, M. Dubos a voulu donner à la Société dont il fait partie, une preuve de son zèle et de son estime, en composant une inscription latine qui renferme, en deux vers, le but des travaux, et l'organisation de l'Athénée des Arts en trois Classes, Classe des Arts, Classe des Sciences, Classe des Belles-Lettres.

« Ut vigeant Artes, varioque Scientia cultu,
« Ut sit honos Musis, Atria nostra patent. »

Vous connaissez, Messieurs, les autres inscriptions de M. Dubos; j'aime à croire que l'examen de son Recueil ne diminuera en rien l'opinion que des communications partielles vous en ont fait concevoir : j'aime à croire que les hommes éclairés y trouveront de quoi justifier la proposition que je vous fais d'accorder à l'ouvrage et à l'Auteur le seul degré de récompense que permettent vos statuts, *la mention honorable* en séance publique.

Signé BOISSY-D'ANGLAS, *Président*; HUZARD, *Vice-Président*; DUCHÊNE fils, PERRIER, *Secrétaires.*

F. P. A. LÉGER DARANCE, *Rapporteur.*

TRADUCTIONS

ET IMITATIONS FRANÇAISES

D'ANCIENNES INSCRIPTIONS LATINES

DE SANTEUL, SANNAZAR, etc.;

Par P. A. R. DUBOS.

ANCIENNES INSCRIPTIONS

LATINES

PROPOSÉES POUR DIVERS MONUMENS.

Pompe du Pont Notre-Dame,

Sequana cùm primùm Reginæ allabitur Urbi,
    Tardat præcipites ambitiosus aquas.
Captus amore loci, cursum obliviscitur, anceps
    Quò fluat, et dulces nectit in urbe moras.
Hìnc varios implens fluctu subeunte canales,
    Fons fieri gaudet, qui modò flumen erat.

Tribunal Criminel.

Hîc Pœnæ scelerum ultrices posuêre Tribunal;
    Sontibus undè tremor, Civibus indè salus.

Horloge du Palais.

Tempora labuntur, rapidis fugientibus Horis;
    Æternæ hîc Leges, fixaque Jura manent.

TRADUCTIONS ET IMITATIONS

FRANÇAISES

PROPOSÉES POUR DIVERS MONUMENS.

Pompe du Pont Notre-Dame.

En abordant Paris, la Seine ambitieuse
Ralentit de ses flots la marche impétueuse.
L'aspect du lieu l'enchante; incertaine en son cours,
On la voit s'oublier en amoureux détours;
Et bientôt se frayant des routes souterraines,
Le fleuve transformé va jaillir en fontaines.

Tribunal Criminel.

Ici, le glaive en main, Thémis inexorable,
Veille au salut de Tous, en frappant le Coupable.

Horloge du Palais.

Le Temps fuit, emportant les Heures sur ses ailes;
La Justice et les Lois ici sont éternelles.

Arsenal.

Ætna hæc Henrico Vulcania tela ministrat,
Tela Giganteos debellatura furores.

Fontaine Saint-Severin, au bas de la montagne.

Dùm scandunt juga montis anhelo pectore Nymphæ,
Hîc una è sociis, vallis amore, sedet.

Fontaine de Sainte-Catherine, au Marais.

Ebibe quem purum fundit Catharina liquorem;
Fontem ad virgineum non, nisi purus, adi.

Pour une des Fontaines du Marais, à Paris.

Ingratam aspectans sedem, citò Nympha parabat
    Linquere; jucundâ sed recreata domo,
Hîc posuit, jussu Prætoris, civibus urnam;
    Utile sic dulci jungere Prætor amat.

Arsenal.

Cet Ætna pour Henri prépare dans ses flancs
Le tonnerre vengeur de l'orgueil des Titans.

Fontaine Saint-Severin, au bas de la montagne.

Mes sœurs, avec effort, gravissent la montagne;
L'attrait de ce vallon y fixe leur compagne.

Fontaine de Sainte-Catherine, au Marais.

Une Vierge a créé cette source féconde;
Passant, pour l'aborder, sois pur comme son onde.

Pour une des Fontaines du Marais, à Paris.

La Nymphe que tu vois désertait cet asile :
A l'ordre du Préteur sa grotte s'embellit;
Elle y plaça son urne; ainsi toujours s'unit,
Sous le règne des Arts, l'agréable à l'utile.

9

Fontaine du Ponceau, près de la Porte Saint-Denis.

Nympha triumphalem sublimi fornice Portam
Admirata, suis garrula plaudit aquis.

Ville de Venise.

Viderat Adriacis Venetam Neptunus in undis
Stare urbem, et toto ponere jura mari.
Tu mihi Tarpeias, quamtùmvis, Jupiter, arces
Objice, et illa tui mœnia Martis, ait.
Si Pelago Tibrim præfers, urbem aspice utramque :
Illam homines dices, hanc posuisse Deos.

Fontaine du Marché de Lagny (Seine et Marne.).

Siste gradum, ô Naïs, nec amicas desere sedes :
Talibus hospitiis quæ metuenda tibi ?
Vindice te, spernit civis convicia linguæ ;
Si quis fortè nugax, unda silere docet (1).

(1) Un passant qui, par plaisanterie, demandait à Lagny, combien vaut *l'orge ?* était sûr d'être à l'instant baigné dans la fontaine. (Autrefois le Maréchal de *Lorges* s'était emparé de la ville par surprise).

Fontaine du Ponceau, près de la Porte Saint-Denis.

Vois cet arc triomphal et sa voûte hardie;
Mon eau, par son murmure, applaudit au Génie.

Ville de Venise.

Quand Venise sortit de l'onde Adriatique,
Neptune salua la Reine de la Mer.
Cesse de me vanter ton Capitole antique,
Et ta Rome, dit-il, superbe Jupiter !
Mais si le Tibre encor te semble préférable,
Sur Venise et sur Rome ouvre un moment les yeux;
Et tu diras bientôt, en arbitre équitable :
Les Mortels ont fait Rome, et Venise, les Dieux.

Fontaine du Marché de Lagny (Seine et Marne.).

Nymphe, ne quitte pas ces lieux !
De vrais amis doivent te plaire.
Quand tu leur es si nécessaire,
Que peux-tu craindre au milieu d'eux ?
Si quelque Fou, par imprudence,
S'avise de nous outrager,
Gaîment tu sers à nous venger :
Ton onde le force au silence.

Fontaine d'Aréthuse, à Chantilly.

Hujus amore loci in fontem mutata fuisses,
Si non mutasset te, Dea casta, pudor.

Εἰς ἄγαλμα τῷ Ἡλίῳ παρὰ 'τ Ροδίον.

Αυτῷ σοι πρὸς ὀλυμπον ἐμακηναντο κολοσσὸν
Τὸνδε Ρόδου ναέται Δωρίδος Αέλιε,
Χαλκεον, ανίκα κῦμα καΊεκνάσσανΊες Ενυοῖς,
Εςεψαν παΊραν δυσμενέων ἐνάραις.
Οὐ γὰρ υπερ πελάΓεις μόνον αίθεσαν, αλλὰ καὶ ἐν γᾷ
Αβρὸν ἀδουλώΊου φέγΓος ἐλευθερίης.
Τοῖς γὰρ ἀφ' Ηρακλῆος αὐξηθεῖσι γενέθλης,
Πάτριος ἐν πόνΊῳ κἠν χθονὶ κοιρανίη.

Glose latine du Texte grec.

In statuam Soli à Rhodiis.

Ipsi tibi ad cœlum erexerunt colossum
Hunc Rhodi cives Doricæ Sol,
Æreum, quandò fluctum sopientes Enyus,
Coronarunt patriam hostium spoliis.
Non enim in pelago solùm posuerunt, sed etiam in terrâ
Magnificum non subjugatæ lumen libertatis.
His enim ab Herculis auctis genere,
Patrium in ponto et in terrâ dominium.

Fontaine d'Aréthuse, à Chantilly.

Ce champêtre séjour, par un charme vainqueur,
En Fontaine eût changé la Nymphe qui l'arrose,
Si, victime déja d'un excès de pudeur,
Elle n'eût éprouvé cette métamorphose.

In statuam Soli à Rhodiis.

Ad cœlum Rhodii, genuit quos Dorica Tellus,
Phœbe, tibi memores hunc erexêre Colossum,
Tempore quo tandem sopito Marte quieti,
Ornârunt patriam spoliis hostilibus Urbem.
Nec tenet æs solùm Pelagus, sed Terra superbit
Hoc libertatis servatæ lumine sacro ;
Nàm benè parta datur terrâque marique potestas,
Scilicet Herculeo cretæ de sanguine Genti.

Colosse de Rhodes.

Quand Mars enfin repose, et que du Roi d'Asie (1)
La dépouille a paré l'autel de la Patrie :
De nos antiques murs protecteur souverain,
Soleil ! nous t'élevons ce Colosse d'airain.
Appuyé sur la terre, et dominant sur l'onde,
De notre liberté ce fanal glorieux
Dit que les fils d'Alcide ont droit, par leurs ayeux,
Au sceptre de Neptune, à l'empire du Monde.

(1) Antigone, qui prenait le titre de Roi d'Asie, venait de faire assiéger Rhodes.

TABLE ALPHABÉTIQUE

Des Inscriptions contenues dans ce Recueil.

D

E

F

G

H

R.

S.

T.

V.

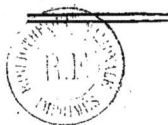

www.ingramcontent.com/pod-product-compliance
Lightning Source LLC
LaVergne TN
LVHW050559090426
835512LV00008B/1252